文史哲詩叢之 10

愛的心音

王玉 著

文史哲出版社 印行

國立中央圖書館出版品預行編目資料

愛的心音 / 王玉,王幸著. -- 初版. -- 臺北市
：文史哲，民83
面；　公分. -- (文史哲詩叢；10)
ISBN 957-547-829-0(平裝)

851.486　　　　　　　　　　　82008536

⑩　　叢詩哲史文

著　者：王　玉・王　幸

出版者：文史哲出版社

登記證字號：行政院新聞局局版臺業字五七五七號

發行人：彭　　正　雄

發行所：文史哲出版社

印刷者：文史哲出版社
台北市羅斯福路一段七十二巷四號
郵撥〇五一二八八一二彭正雄帳戶
電話：三　五　一　一〇　二八

愛　的　心　音

中華民國八十三年二月初版

實價新台幣一四〇元

愛的心音

目　次

期待中的我

像一隻急行的黃鶯
從我頭頂上　掠過
或許　不小心
妳碰著了我

我便像一片立在枝頭的葉
在風雨中
瑟瑟地期待

直到深秋的風
猛烈地吹來
我才　極不情願地
飄落

因為
我知道
待到明春
妳所看到的那片新葉
將不再　是我

　　　　　　　　1992. 8. 2

雨季裡的妳

雨季裡
我陪妳走進如絲的細雨
那雨絲灑在
清澈流轉的雙眸裡
妳便有了
那份明亮的生動

妳說
雨絲用輕盈的動作
洗刷著世界上的塵埃
妳說
雨絲用濃重的情愫
撫摸著大地上的生靈

所以
當雨季離去的時候
我為妳
焦灼地企盼
企盼　那些細絲飄灑的日子

1992. 8. 7

送別，正值雨季

送別　正值雨季
頭頂飛著烏雲的羽翼
若黃昏稀疏的星
不時有
三五個雨點飄逸

你走了
邁動沉重的步履
幾次回眸
別情仍依依
兩行深深的足印
延伸進我永恒的記憶

頃刻　大雨滂沱
路邊的流水
已匯成涓涓小溪
你可曾知曉
冰涼的雨絲中
也摻有我眷念的淚滴

1992. 8. 16

心中的號碼

「對不起，撥錯了」
捧著話筒
我只能這麼對妳說
心裡卻充滿苦澀

然而
誰也不曾知道
我心中的號碼·
只有這一個——
永遠不會撥錯

1992. 8. 4

心目中的你

像一輪淡淡的月亮
掛在高高的天空
永遠帶著那層
夢似的溫柔
有時卻也朦朦朧朧

像一顆明亮的星星
閃在遙遠的天際
永遠帶著那份
誘人的光亮
有時卻也躲躲閃閃

我多想
走到你身邊
也許　這很難實現
因為　天與地
畢竟
隔著　迷茫而遙遠的空間

1992. 11. 1

心靈的訴說

我的心
是一汪清澈平靜的池水
映著藍天和白雲
沐浴在金色的陽光下

是你　投入
一顆不成熟的青菓
將它激起
一圈一圈漣漪

當它再次平靜
藍天和白雲
已無影無蹤
卻見
陰冷的黑暗裡
幾點星光閃爍
還有那乏味的酸楚
和填滿胸膛的寂寞

1992. 8. 15

相　思

不知是哪一隻鳥
銜著一粒相思豆
飛行時不小心
把它丟失了

於是
春雨霏霏的季節
相思豆
長成了一株亭亭的相思樹

終於　在
收穫的季節
相思菓成熟了

可是
誰也不會知道
枝頭上
兩顆菓子之間
竟隱藏著一個相思的故事

1992. 10. 17

頭　髮

是不是　因為
大腦裡盛不下
太多的相思
頭頂上
才長出
這無盡的情絲

1992. 10. 10

那顆紅豆

分別的時候
曾在你攥緊的手中
埋下了　一顆
閃亮的紅豆

那盛滿回憶的紅豆呵
請問　如今
已在何方

你捧出那樣一堆
耀眼的紅豆
說
它已經做了偉大的母親

這一堆如火的紅豆
哪一顆也不是
從前的相思

你又說
兒子的身體裡流淌著母親的血液
紅豆不也一樣嗎

1992. 8. 21

初　戀

初戀
是一場挾著雷電的
暴風雨

它來勢猛烈
而　撲天蓋地
——令人無法避及

它去得突然
且　瞬間即逝
——令人終生相憶

1992. 10. 10

飄香的咖啡

我是
一盃剛煮沸的咖啡
苦澀而乏味
妳是
一塊凝固的方糖
潔白而甜蜜

只有
妳勇敢地投入
我溫暖的懷抱
平淡的生活
才會增添誘人的芬芳

1992. 8. 4

別，親愛的

別把我看作
一朵嬌艷的花
因為　花會敗落

別把我看作
一片潔白的雲
因為　雲會飄泊

別把我看作
一顆晶瑩的露
因為　露會乾涸

別　親愛的
不要再絞盡腦汁
因為　任何比喻
對我都不那麼確切

我　就是我

1992. 9. 16

迷人的酒

你的眼睛裡
究竟裝滿了怎麼的一種酒呵
為何把我的心
醉成這個樣子

俯下身想飲一口
可怎樣也觸不著
只感覺酒香愈來愈濃
依舊閃著那種迷人的光彩

1992. 8. 8

我在雨中等妳

我把
沙沙的落雨聲
聽作
妳柔和的輕訴

我把
雨點濺起的水花
看作
妳燦然的微笑

我把
雨中飛行的矯燕
當作
妳輕捷的身影

我在雨中等妳

1992. 9. 19

愛之樹

問你
我們用心靈培植的愛之樹
長得好嗎

我們的愛似一滴滴秋露時
你說
它長得像三月的桃樹
花燦若霞

我們的愛似淅瀝的春雨時
你說
它長得像五月的桃樹
菓滿枝頭

我們的愛似奔騰的小溪時
你說
它長得像八月的桃樹
碩菓累累

終於
我們走進了收穫的季節　　　　1992. 11. 27

雨滴之戀

昨夜
一陣斜風
把我吹落在
你臥室的窗玻璃上
我耐心地
等待著黎明
你打開窗子時
那一聲驚喜地叫喊

渴盼中
我看見
太陽露出笑臉
我在陽光下
身不由己地縮減

在我即將
化為永遠的乾涸時
才發現
你緊閉窗子
依舊在床上酣睡

1992. 11. 14

情　語

離開你的時候
我的心變得
好沈重　好沈重

你是否知道
那是　我心上
繫著對你的牽掛無限

1992. 9. 15

吻

四片
綴著馨香露珠的
紛紅色花瓣
輕輕地　輕輕地觸在一起

於是　世間
便多了一份溫柔的光彩
和一絲醉人的芬芳

因為
露珠在純潔的淨化中
帶著紫色的光
滴落進
乾涸的心田
滋潤著
一棵愛之樹

1992. 10. 20

吻是愛情的印記

你汲取我
唇上的紅

攜著風
帶著露
和著我的淚
含著你的情
把它印在愛情上

吻是愛情的印記

1992. 11. 7

仙人掌

縱然
你可以為我　心之大漠
增添綠色
但
也可能將我的心房
誤傷

1992. 9. 8

愛　心

認真地收集起
我淚水中
泛出的鹽

醃起
我永遠愛你的那顆心
千年萬年
不讓腐爛

1992. 11. 28

魔　圈

我不知道
愛情　是什麼形狀

但覺得
它似乎像一個魔圈
圈住了我
也套住了你
在裡面雖然有點拘緊
但誰也不想掙脫出來

1992. 9. 30

愛　河

你帶我
踏進一條河

河水不深
卻能把我倆永遠
淹沒
河道不寬
卻能讓我倆永遠
失向

你告訴我
它的名字叫
愛河

1992. 9. 18

看妳讀一本詩集

淡淡的燈光下
看妳讀一本詩集

那細細的清泉
流淌進
盈盈轉動的眸子裡
頓時
我覺得
整個屋子亮了許多　許多

不知怎的
我驀然想　變作
那本躺在
妳纖細手上的詩集
只因為　它
攝取了妳眸子裡的光

1992. 11. 7

姻　緣

一根無形的線
浸透
　　真
　　　善
　　　　美
　　　　的情感
勇敢地穿越時空
把兩顆愛心緊緊相牽

　　　　　　　　1992. 8. 6

紅玫瑰說

失戀　使我全身
披滿銳利的堅刺

像一把把復仇的刀
對準採擷者的手指

我不需要任何愛
只熱戀
　　　大地
　　　　陽光
　　　　　雨露
　　　　　　空氣

1992. 10. 31

戀　思

你心靈的深處
泛動一泓
透明的湛藍

遲疑了千百次
我想把感情的石子
投過去
試探愛的深淺

但　又怕
濺起幾點
痛苦的漣漪
而不是
一圈兒　一圈兒
追逐的笑靨……

1991. 10. 8

無結局的結局

從來
都啓不開那條封緊的弧
只能夠
面對那兩顆閃爍的星星嘆息

我便想
走出這無結局的纏綿

後來　我突然發現
星光中　竟
閃著一個
與我同樣的身影

這便成了
無結局的結局

1992. 11. 22

海邊戀情

在海邊
我們邂逅相遇

短短的　愛的旅途上
我們卻經受了
無數的風浪

最終　你我之間
還是相隔
一片無際的蒼茫

這愛情呵
真像奔騰的大海
浩淼的煙波裡
泛著無盡的苦澀

1992. 10. 11

無　題

也許
對星星的戀思
有些
可望而不可及

人們　才喜愛
夏夜中
那低飛的流螢

1992. 7. 15

等 待

是你嗎
用手柔柔地撫摸我的長髮
是你嗎
用唇輕輕地親吻我的臉頰

閉上眼睛
我站在這裡期待——
傾聽
你奔來時的氣喘
沉思
你擁我時的羞怯

哦 我把風吹動樹葉的聲響
錯聽成你遲來的腳步聲

1992. 9. 3

失　戀

站在不遠處
看你的背影在前方隱失

我的眼睛裡
沒有淚
卻盛滿了無法拼湊的
碎片
那是你的笑容

我的心裡
沒有血
卻凝固了無法融化的
堅冰
那是你的名字

1992. 10. 14

魔　鏡

請記住　熱戀的人們
愛情是一副魔鏡
一旦 戴上它
他（她）
竟然會變得完美無瑕

1992. 9. 30

頭　痛

大腦皮層的溝壑裡
排滿了你的名字
密密麻麻

想你的時候
那些名字便相互碰撞
這時　我的頭部
便會隱隱作痛

1992. 10. 21

青籐樹下

哦　親愛的
你走的時候
我站在　那棵抽條的籐樹下
淚眼洶洶地送你

物換星移
苦待中　你終於歸來了

哦　親愛的
為什麼
還不快上前擁抱我
是不是
你心中的我
已改變了模樣

哦　親愛的
那纏滿青籐的架子下
獃立的　還是我
因為對你長久的思念
眼睛裡已長滿了青苔

1992. 9. 25

項　鏈

我的淚水
一滴一滴地落下來
打濕你的脖頸
壓得你
擡不起頭

它們凝固了
被你用情感的線
穿到一起
在脖頸上
掛成一條閃光的項鏈

日子久了
你我都已忘記
那曾是一顆顆被穿起來的
淚珠

1992. 11. 8

永恒的河流

好久好久
就想橫渡
流淌在你我
心靈之間的那條河流

如今
河水已封凍
冰層結得很厚很厚

你對我
揮揮手
我對你
點點頭
匆匆各奔東西
無意在岸上停留

即使
踏著冰
走到一起
兩顆心
還是被寒冷的冬天裹住　　　　1992. 10. 3

吻不到的影子

你是一朵白雲
從遠遠的天邊飄來
多想去擁抱你
無奈
我是一隻飛不高的蜻蜓

驀地
我發現
地上有一汪清澈的池水
你的身影
清晰地映在上面

我俯下身
去吻你
卻見水上
濺起點點漣漪

1992. 8. 19

心痛的感覺

想你的時候
我的心　泛起皺紋
猶如一池冷冷的水
落進小小的雨點

你的名字
像火熱的熨斗
在我心上　來回移動
將一條條皺紋撫平

從此
我的神經才有了
疼痛的感覺

1992. 9. 17

滑　落

痛苦的時候
沒有淚
只是讓破碎的心
一直下沈

牙齒碾碎　苦菜花
翠嫩的葉莖
與唾液混合

品味後
同那顆下沈的心
一起　滑落
滑落進無底的深淵

1992. 11. 13

孤獨的船

歲月的潮水
擊破青春的夢幻
我愛之心
飄泊成孤獨的船

遭風浪戲謔
受風雪敲打
只有默默地承受
不吐半句怨言

沒有了槳
失去了舵
只剩下一葉破碎的帆
恐怕找不到停靠的岸

1991. 12. 8

大地對小草的思戀

你的根
從誕生那天起
便扎進了我的心房
但　不知何時
才能擁有你的全部

你說
請等到深秋　我死亡腐爛的
那個時刻

於是　我便不再期待
因為　我明白
生與死　不能共存

1992. 8. 5

不化的冰

寒風中
我臉上晶瑩的淚流
凝結成透明的冰

用獃滯的目光
凝視天邊那片飄浮的雲朵
它是你走時
隨風擺動的衣袖

悄悄地
它移近太陽　　遮住
照射在我臉上的光和熱
透明的冰
不斷加厚

致使
那透過薄冰的視線
也逐漸變得模糊

1992. 8. 17

那樣的一束花

買來一束
帶露的鮮花
我虔誠送到你的手上

你說
那紮花的緞帶
美麗得勝過花朵
便
將花束拆開來

不知你有意　還是不小心
那束花竟從你手中
散落到地上

懷著一種莫名的惆悵
我的心漸漸失落

1992. 8. 29

你離開時

你離開時
我未對你傷感悽悽
你離開時
我未對你別情依依
只覺得
看你遠去的身影
像隔著一層落雨的窗玻璃

1992. 10. 28

失 眠

梳頭的時候
我把　煩惱
同長髮纏繞在一起
辮紮起來

睡覺的時候
又把　它
鬆散在枕邊
讓白天的煩惱　從髮間
分離出來

於是　輾轉中
我難以入眠

1992. 10. 11

初戀時節

我摘取一片綠葉
作船．放進緩流的小溪
讓它載著初萌的愛意
飄向遠方

船意外地
被突兀出水面的岩石
撞翻

那滿船的愛　立即
被冰冷的溪水
浸濕
淹沒
爾後　隨著遠去的流水散盡

1992. 8. 14

家

你和我
是兩條在海上飄泊的船
當颱風襲來的時候
我們躲進了同一個港灣

碼頭為我們
阻擋了滔天的風浪
從此　你和我
便擁有了這個溫暖的家

1992. 11. 24

我是一隻不願高飛的風箏

我是一隻不願高飛的風箏

只有你
牽引那根連著我的長線
在春風裡
把我放飛進空曠的藍天

我不願高飛
不願看到站在地面上的你
遙遠地　變成一個模糊的
小黑點

1992. 8. 26

夢的蟬翼

你曾經用夢
將我網進
一個充滿温馨的世界

也許　我用夢
未能把你罩進
那個浸透甜蜜的日子

所以　我們的愛情
總隔著那麼一層
薄薄的　透明的
夢的蟬翼

1992. 10. 5

野　花

在山的那一邊
採了兩朵如霞的野花

想找妳
把它們綴上
妳那一瀉如水的秀髮

走過來
卻見妳微笑的臉頰
染上淡淡的紅霞
再看
我手中的花兒
似乎　已變得黯然失色

妳接過去
把它輕輕插在髮間
於是
妳笑成花
我也笑成花

1992. 9. 10

再回首

再回首

妳美麗的秀髮
在風中
翻捲　翻捲

再回首

妳深情的雙眸
在雨中
迷濛　迷濛

再回首
再回首
卻怎麼也掙脫不出
那根　令妳我
聚散兩依依的
紅線

1992. 11. 1

送妳一瓶花露水

送妳一瓶花露水

那是一個清朗的早晨
我在帶露的玫瑰上
精心收集的

別笑　我太傻
因為　我想
花露水裡
肯定混合了
花的清香
露的晶瑩

也別怪
它的香不甚濃郁
因為
清香能沁人肺腑
而且
裡面還凝聚著
我對妳
愛的癡情

1992. 10. 6

折

妳見過
筷子　插入水中
經過折射的情景

不知道
我涉入
妳那兩汪深不可測的水潭
會不會像它

1992. 8. 2

約　會

同一個時間
同一個地點
運行中準時錯車
愛
駛進甜蜜的小站

倘若
有一次
哪個偶爾晚點
懸掛的思念
在暮靄裡
遲遲不肯歸山
凝重的夜色
怎能裹住
那一聲聲高吭的呼喚

1992. 10. 20

愛之旅

你的心
是風砂瀰漫的荒漠
我是峰駱駝　在上面
艱難地跋涉

開始　我足下
並沒有留下半點痕跡
漸漸地　才看到
身後留有一行行清晰的印子
後來
我驚奇地發現
那深深的足跡裡
竟萌生出淡淡的綠意

1992. 9. 19

你和我

你和我
都是一首美麗的
抒情詩
不知何時
被印在一張紙的正反兩面

就這樣　我們
竟然相隔
一道難以逾越的空間

我們自知
在這個世界裡
也許永遠不能會面
可是　還要耐心地等待
那怕　奇跡在夢中出現

1992. 11. 10

相思淚

妳是片輕盈的雲
我便是團飄忽的風
幽會在
一個流浪的午後

長久地疲奔於
廣闊的天宇
兩顆急待的心兒
早已經按捺不住
熱烈地狂吻中
相思淚紛紛飄落

1992. 11. 9

眞想爲大腦安個開關

接受過多的煩惱
經常夜間失眠

真想為大腦安裝一個調動自如的
開關
讓它每晚　隨燈一起
關閉

1992. 11. 9

夢

繁茂的相思林中
我們相擁酣睡
身旁
煙霧飄渺

均勻的呼吸
和諧的心跳
兩雙微閉的眼睛
被五光十色光圈
籠罩

你心中有我
我心中有你
唇邊
都泛著甜蜜的笑

1992. 9. 4

黑蝴蝶

妳那翻捲的睫毛
儼然兩隻黑蝴蝶
守衛在
心靈的窗口

我想去捕捉
卻怕
它振動憤怒的翅膀
永遠地飛走

　　　　　　　1992. 9. 16

橘

你的愛情似乎很圓滿
成熟的皮
泛著誘人的鮮艷

剝開來　卻見
裡面藏著一顆破碎的心
七分酸　三分甜

1992. 9. 25

石　榴

虛榮的你
總愛咧開嘴巴
露出一排排牙

你心中積滿酸楚
我知道
這是一種無奈的笑

1992. 9. 23

山 楂

是不是
想模仿紅豆
為人類傳遞情思

只因為
扎根在北方的沃壤
才結成　酸酸的
紅菓

1992. 8. 9

初戀的芳草地

我獨自徘徊在
初戀的芳草地
張開記憶的大網
捕捉如花似玉的往事

那種嬌艷的野花
曾插上妳高挽的髮髻
那棲息蘆蕩的水鳥
曾被妳爽朗的笑聲驚起
那一抹如鏡的湖水
曾攝下妳婀娜的身姿
那跌落草叢的露珠
曾把妳的鞋襪打濕……

呵　面對熟悉而陌生的一切
傷感中我已悟出道理
東西一旦失去了
就感到它是美好的
但　想揀回來
卻不那麼容易

1992. 9. 21

我，絲毫沒有絕望

我被無情地拋棄了
但　絲毫沒有絕望
雖然受傷的心
仍在滴著血漿

是磁石就可將鐵吸引
栽梧桐就能招來鳳凰
一個真正的男子漢
何愁無人撫慰愛的創傷

1992. 10. 16

失　落

我是一片
悠悠飄落的雪花
不知不覺地
飄進妳黑葡萄般的眼睛

恍惚中
在妳熾熱的眸子裡
漸漸融化

妳的眼睛
便　流動著
一種純真的
柔情

然而
我卻　失落了自己

1992. 11. 22

愛的彩圖

我笑著問妳
咱們的愛
已達到何種程度

妳低頭不語
羞澀地交我
一幅親手描繪的彩圖

那是
分別標有妳和我姓名的
兩顆幾乎相疊的紅心

1992. 8. 20

新事物都是美好的

當黎明的晨曦
悄悄爬上窗口
我便知道
令人煩惱的昨天已經過去

站在窗前
我盡情吸吮新鮮空氣
用一雙屬於今天的手
打開兩扇屬於今天的窗
伴著時鐘富有節奏的腳步聲
大步跨進一個嶄新的天地
望著冉冉昇起的旭日
我始才發覺
新事物都是美好的……

1992. 10. 3

舊　約

為信守
早已許下的諾言
我捧著成熟的菓子
孤獨地站在樹下
翹首盼你

天　已經很涼了
隨風飄零的枯葉
覆蓋了向前延伸的小徑
你為什麼還不來

直等得　菓子漸漸地
走失了水份

當你姍姍而來的身影
撞碎我冷漠的瞳孔
我手中的菓子
已經極度腐爛
　　變成了
難聞的垃圾

1992. 8. 25

最美的圖畫

把妳的芳名
寫在金沙灘上
讓它輝映著
藍天　白雲
麗日　碧水

我高聲說
這是世上最美的圖畫

冷不防
海浪撲過來
將它嚴酷地抹掉
同時　我冰冷的心
也被一陣陣難忍的苦澀撞擊

1992. 8. 29

流　星

我真不明白
你為什麼離開我
是不是我對妳犯有
不可原諒的過錯

我真不明白
我該怎樣面對這一切
難道我心靈的傷口
再也無法愈合

我不會過份地傷心
也不覺得失去些什麼
只當妳是一顆流星
在我心上匆匆滑過

1991. 12. 12

逝去的愛

經過難耐的等待
你的信已姍姍來遲

也許是命中注定
我的心不再屬於你

既然你真心愛我
就不該遲遲疑疑
既然你真心愛我
就不該缺乏勇氣

一切都不能自圓其說
一切都將成為過去
願你永遠把我忘掉
痛苦只是暫時

1991. 12. 15

我獨自站在窗前

深秋　已是黃昏
灰濛濛的天空飄著雨
天氣不很涼
卻給人帶來
一種莫名的傷感

我獨自站在窗前
聽雨聲時續時斷
多像初戀時
你共我
那纏綿的情話

如今　天各一方
相會不知待何年
這淅瀝淅瀝的聲音
更喚起我對你
點點滴滴的思念

1992. 11. 25

愁

莫不是
你用一團亂麻
換取了我的大腦

使我的思緒
無論如何
也理不出一個頭來

1992. 10. 2

我是不是害了單相思

白日　你
總愛閃進我的瞳孔

夜裡　你
又經常走入我的夢境

我是不是害了單相思
你　只有你才能作証——

哪怕用一絲淡淡微笑
哪怕用一縷脈脈柔情……

1992. 11. 17

愛，亦無言

就這般長久地佇立
相互默默凝視對方
讓兩把心之火
在眸子裡盡情地燃旺

此時　無聲勝有聲
你無言
我無言
愛亦無言

　　　　　　　　　1992. 8. 30

送別的時候

每次　送別的時候
你總為我灑下幾顆淚滴
可以換一種方式嗎
因為　淚會讓人
感到愛情的脆弱

還是給我一個
甜甜的微笑吧
我會妥善地珍藏
讓它為漫長的旅途
增添特有的歡樂

還是給我一個
深深的長吻吧
讓它印在心底
化作輕鬆的樂曲
減輕一路的顛簸

帶著你長長的思念
我的心不會走遠

1992. 11. 2

煙　圈

點燃一枝煙
把無數辛辣吞嚥
張開兩片灼熱的唇
吐出一個又一個煙圈

哦　煙圈　煙圈
帶走我胸中
無言的鬱悒
向遠方　悠悠飄散

1992. 10. 12

路燈下的妳

妳站在路燈下
燈光
將妳　拉成
一縷纖細的絲

看到妳的眼睛
化作兩顆閃爍的星星
在昏暗的燈光下
發出眩目的光亮

多想走過去
摘取那閃亮的星
但
又怕
碰斷了纖細的絲
使它變成兩顆流星
從我身邊
匆匆地滑落

1992. 10. 7

愛與恨

愛的時候
連著剪不斷的情
恨的時候
連著剪不斷的思

愛有幾分
恨有幾分
愛卻總是躲在恨的背後

1992. 11. 21

重　逢

笑容還未完全綻露
就僵冷在唇邊
驚喜的眼神
反射出蘊藏許久的惆悵

千言萬語
不知從哪說起
只能悠悠地問一聲
「過得還好嗎」

轉身欲去
卻又頻頻回首
往日的深情
仍牽動兩顆怨怨愛愛的心

1992. 10. 5

我獨自漫步在海灘……

任潮水把褲角打濕
任海風把秀髮翻捲
眼前是飄忽的海霧
往日的歡樂如煙

我獨自漫步在海灘

身後留下的不再是
兩行深深的纏綿
耳邊飄過的不再是
幾縷甜蜜的溫馨

我獨自漫步在海灘

遠海飛來的白鷗
可是你遙寄的素箋
腳下低吟的潮聲
可是你在向我輕談

我獨自漫步在海灘……

1991. 12. 8

給欺騙愛的人

有人説　愛情是欺騙
我説　欺騙的愛情
經不住時光的考驗
欺騙的愛
結出的菓子既酸又澀
用它釀出的苦酒
只配給
欺騙愛的人去喝

1992. 11. 8

請別說妳不需要愛

請別說妳不需要愛
妳的眼睛已向我坦白
拒絕　並不是真
愛已被妳用冰冷遮蓋

請別說妳不需要愛
妳的淚花已向我表白
回避　並不是真
不要將愛故意傷害

請別說妳不需要愛
妳心海的情潮早已澎湃
快拋開所有的困惑
撲進我火熱的胸懷

1992. 9. 1

不要回頭請你走

既然找不到任何理由
那就請你不要走
握緊我冰冷無助的手
給我一點勇氣抵制憂愁

如果你真的要走
我也不再強留
不必管我的心是否帶有傷口
不要問我今後的所有
不要回頭請你走
讓風帶走往日的溫柔
掩飾對愛的渴求
不要回頭請你走
不想讓你知道我的感受
把淚水往心底流
不要回頭請你走
不願告訴對你的愛依舊
只能在人流中靜靜等候

1992. 10. 2

愛你的我如此執著

我送你那麼多那麼多
你卻一樣也不還我
像陌生的同路人
到達目的地執手相別

不要隱藏你的溫柔
給我一點熱情安慰心靈的寂寞
不要拒絕我真誠的愛
其實我的心也一樣很脆弱
多少次伴隨失望
像枯葉在秋風中紛紛飄落

苦戀的我受傷也不曾退縮
愛你的心天長地久也不會淡漠
無論是對還是錯
愛你的我就是如此執著

1992. 10. 28

淚

你的眼淚　只是
柔軟的水珠
我真不明白
它哪來的力量
能將我的心
砰然　擊碎

1992. 10. 19

分手不必有失意

揮揮手從此別離
把給你的愛埋進心底
甩甩頭不必在意
斬斷往日對你的牽繫

聽聽微風的輕奏
停止內心寂寞地嘆息
看看細雨的舞姿
撇開你找回原有的自己
我還是我
你還是你
讓風雨帶走從前的纏綿
分手不必有失意

1992. 9. 6

梅

虯曲的枝頭
點綴著幾瓣馨香
如血

我想
一定是哪位姑娘
為捍衛堅貞的愛
而血灑山野
才長出堅韌不拔的梅
那耀眼的色彩
是她燃燒的青春

不然　為什麼
她傲立冰天雪地
從不懼怕嚴寒

1992. 10. 14

愛　情

我們的愛情
不需防碎防潮
即使
在坎坷的人生旅途上
顛簸
也不會破裂
在屢經起落的生活風浪裡
也不會變霉

我們的愛情
不是商品
不需標價
也不要說明
我們的愛情
像太陽般永恒

1992. 11. 5

請不要問

請不要問我
愛不愛她
也不要問她
愛不愛我

只須你注視
我倆的眼睛
是否會相互傳送秋波
只須你傾聽
我倆的心聲
是否能合著一個節拍

1992. 9. 12

在風雨中生活

風是
一支曲
雨是
一首歌

儘管
有人說
颱風的日子太冷
下雨時天氣太陰

但是
我總覺得
夾雜風雨的生活
才不顯寂寞……

1992. 9. 15

結

想學別人
用情線繫一個同心結
緊緊連著你和我

不慎
將它打成了
死結

掙扎中
結
勒緊了咽喉
我們在溫情中
一同死去

1992. 10. 30

爸爸・媽媽・我

爸爸是座山
媽媽是條河
我是
環繞在山與河之間的
小路

　　　　　　　1992. 9. 10

鵝卵石

在愛的河流中
互相擁擠　碰撞
久了
便擦磨成一顆顆圓滑的
鵝卵石
同泥砂一起
沈睡在河的底流

歲月
在回憶中似水流往
留下的
是一具具包含愛情酸甜的
各形軀殼

1992. 11. 1

記憶的口袋

記憶的口袋
裝進了你和我
精心培育的
愛之菓

在悶濁的空氣裡
它竟然發酵變質
甜蜜的成份從裡面
悄然滲出

最后　只留下
一些風乾的殘渣
那便是
現在

1992. 10. 26

悔

茫茫人世間
我攝取了
超世脫俗的妳

妳的嬌美
使我情不自禁
在走進暗房之前
失手打開了相機
於是　爆光的底片上
再也找不到微笑的妳

我痛苦怨恨
追悔莫及
既然已經攝入鏡頭
為什麼又失去了呢

1992. 9. 12

愛的跋涉

留下漫長的足跡
在愛的沼澤裡
我一步一步
頑強地跋涉

待到
走出這片沼澤
或許　我已經變得
瘦弱
蒼老

親愛的　請別難過
因為
那每一條皺紋
每一縷白髮
都是歲月
饋贈給我們的
愛情紀念品

1992. 9. 30

車　票

打開珍藏許久的
那本綠皮日記
兩張用過的車票
從紙頁間悠悠飄落

看到它
不禁　使我憶起
與你邂逅的
那段難忘歲月

你可知道
我心扉間還有閃光的車票兩張
它將與我們共度
那漫長的人生之旅

1992. 11. 2

愛之花

一株愛之花
盛開在我倆心扉
芳香溢滿胸間
姿色令人陶醉

用兩腔心血澆灌
用兩顆生命護衛
害蟲休想覬覦
風霜豈能摧毀

花開必有花落
願結出碩菓累累
讓後來人細細品嘗
愛的真正滋味

1992. 4. 8

不老的心

歷經人世滄桑
你和我的青春
已被歲月
無情地風化

雖然
我滿頭青絲
已變成稀疏的白髮
你一口皓齒
已殘缺無華
但　　兩顆不老的心
依然強有力地跳動
節奏是那麼均勻
音韻是那麼悅耳

1992. 11. 6